PRZYGODY FENKA
AF364878
Wyrzuty sumienia
EMOCJE II

Fenek bardzo lubi grać na tablecie. Jego ulubioną grą jest „Złota rybka". Zadaniem gracza jest karmienie rybki oraz opieka nad nią. Fenek tak uwielbia tę grę, że najchętniej spędziłby przed tabletem calutki dzień. Niestety przez to zupełnie zaniedbał opiekę nad swoją prawdziwą rybką Pusią… Nie miał też czasu ani na zabawę z Maksem, ani na naukę literek i posprzątanie swojego pokoju. Mamie Fenka bardzo się to nie spodobało i nasz bohater dostał szlaban na korzystanie z tabletu.

Fenek nie był z tego zadowolony i nawet
pogniewał się na mamę. Złość szybko
mu jednak przeszła i zrozumiał nawet,
że zabawa z Maksem jest dużo ciekawsza
niż granie na tablecie. Teraz właśnie grają
razem w kręgle przed domem.

– Juhuu! Udało mi się strącić wszystkie! –
woła zadowolony Fenek. Kotek Maks bije
mu brawo i oboje zabierają się
za układanie kręgli od nowa.

– Teraz moja kolej! – mówi Maks i bierze
rozmach. – Jeeeest! – rozlega się jego
okrzyk radości, kiedy wszystkie kręgle
się przewracają.

Jakiego koloru są kręgle?

– Maksiu! Wracaj już do domu, bo zaraz wyjeżdżamy do babci! – mama kotka pojawia się w oknie i woła swojego synka. Maks w pośpiechu żegna się z przyjacielem i znika za drzwiami domu. Fenek, który już trochę zgłodniał, również postanawia wrócić do domu.

– Tatusiu, czy zrobisz mi kanapkę? – pyta, wchodząc do kuchni.

– Oczywiście, kochanie. Umyj rączki i usiądź do stołu – mówi tata. Po krótkiej chwili nasz bohater zajada się już kolorową kanapką z serem, papryką i ogórkiem. Pycha!

Do kogo wyjeżdża Maksiu?

– Tatusiu, czy jak zjem, to będę mógł pograć
na tablecie? – pyta Fenek. Tata spogląda
na synka.

– Kochanie, przecież wiesz, że masz karę
na korzystanie z tabletu – mówi spokojnie tata.
– Na pewno znajdziesz sobie jakieś inne
ciekawe zajęcie.

Fenek chwilę milczy.

– Tatusiu, ale mama dziś rano, kiedy byłeś
w pracy… powiedziała, że… odwołuje
szlaban – mówi nagle. Tak naprawdę
nic takiego się nie wydarzyło. Nasz bohater
jednak tak bardzo chce pograć,
że postanawia skłamać.

Tata patrzy na niego uważnie.

– Hmm… Dobrze, w takim razie będziesz mógł
pograć pół godzinki – mówi.

Fenek z radości aż podskakuje na krześle.
W pośpiechu dojada kanapkę i biegnie
po tablet do salonu. Wygodnie siada
na kanapie, włącza „Złotą rybkę" i zaczyna
grać. Jednak coś jest nie tak… Chłopiec dziwnie
się czuje, a gra wcale nie sprawia mu radości…
Właściwie to nawet jest mu smutno… Fenek
nic z tego nie rozumie. Przecież wreszcie może
pograć… Dlaczego więc tak dziwnie się czuje?

Dlaczego Fenkowi jest smutno?

Chłopiec próbuje grać jeszcze przez chwilę, jednak szybko traci na to ochotę. Odkłada tablet i idzie w kierunku kuchni.

– Już skończyłeś grę? – pyta zdziwiony tata. Fenek smętnie kiwa głową.

– Czy coś się stało? Gra już ci się znudziła? – tata próbuje znaleźć przyczynę złego humoru swojego synka. Chłopiec jeszcze przez chwilę milczy. W końcu postanawia powiedzieć tacie prawdę.

– Tatusiu… Bo… ja cię okłamałem – mówi tak cichutko, że tata ledwie może to usłyszeć. – Mama wcale nie pozwoliła mi korzystać z tabletu…

Teraz tata już wszystko rozumie. Odkłada naczynia i siada na krześle.

– Chodź do mnie – mówi do synka. Fenek powoli podchodzi w stronę taty.

– Jesteś na mnie zły? – pyta niepewnie. Tata bierze go na kolana.

– Nie, synku, nie jestem zły – mówi spokojnie. – Wiesz, nie jestem zadowolony z tego, że mnie okłamałeś. Nie powinieneś tak robić – tłumaczy. – Ale bardzo się cieszę, że w końcu postanowiłeś powiedzieć mi prawdę. – Dlaczego się na to zdecydowałeś? – pyta.

Fenek przez chwilkę się zastanawia.

– Ja… źle się czułem… i gra wcale nie była wesoła… – próbuje wyjaśnić chłopiec. – Było mi smutno, że cię okłamałem.

Tata głaszcze synka po głowie.

– Wiesz, to bardzo dobrze – mówi. Fenek dziwi się.

– To bardzo dobrze, że źle się czułem i byłem smutny? – pyta zdziwiony. Tata uśmiecha się.

– Myślę, że tak – mówi. – Ponieważ to oznacza, że kłamstwo ci przeszkadzało i wiedziałeś, że postąpiłeś źle, nie mówiąc prawdy.

– Nie chcę cię więcej okłamywać – mówi chłopiec i mocno przytula się do taty.

– Wiem, synku. Jeśli następnym razem będziesz miał taki zamiar, przypomnij sobie, jak źle się dzisiaj czułeś. Myślę, że to pomoże ci nie skłamać – proponuje tata, który zawsze ma mnóstwo dobrych pomysłów. – Czy teraz już czujesz się lepiej? – pyta po chwili.

Chłopiec zdecydowanie kiwa głową. Znów ma ochotę się uśmiechać. Nawet jeśli nie może pograć na tablecie.

Gdzie znajduje się tata z Fenkiem?

Ciekawe sposoby spędzania czasu z dzieckiem

Czym jest kłamstwo? Dlaczego ludzie czasem kłamią? Czy są sytuacje, w których kłamstwo jest konieczne? Dlaczego warto mówić prawdę? W jakich innych sytuacjach, poza kłamstwem, mogą dręczyć nas wyrzuty sumienia? Porozmawiaj z dzieckiem, wykorzystując powyższe pytania. Możesz skorzystać też z wypowiedzi naszego eksperta. Następnie przygotuj dla swojego malucha kilkanaście zdań dotyczących dowolnych tematów – niech niektóre z nich będą prawdziwe, a inne fałszywe. Zadaniem dziecka będzie ich rozróżnienie.

Dzięki tej książeczce Twoje dziecko:

– przypomni sobie, że kłamstwo nie jest dobrym rozwiązaniem;

– przekona się, że kłamstwem sprawiamy przykrość nie tylko osobie okłamanej, ale i samemu sobie;

– dowie się, co to są wyrzuty sumienia;

– pozna sposoby na naprawienie swojego kłamstwa.

Wskaż, która postać różni się od pozostałych?

Poznawaj rosnący świat książe
serii "Przygody Fenka
Ciesz się najnowszymi i nadchodzącym
przygodami i mnóstwem bezpłatnych zasobó
Czy masz którąś z tych niesamowitych przygód?
POLECANE PRZEZ PEDAGOGÓW I PSYCHOLOGÓW
EMOCJE
OSOBOWOŚĆ
Złość
Strach
Zazdrość
Wdzięczność
Wzruszenie
Ufność
Wyrzuty sumienia
Tęsknota
Duma
Nieśmiałość
Przyjaźń
Miłość
Samotność
Szczypanie
Skarżenie
Samoocena
Śmierć w rodzinie
Adopcja
To moje ciało
Rozstanie rodziców
Proszę
Przepraszam
Dziękuję
Pozdrowienia
Cierpliwość
Odpowiedzialność
Odwaga
Szacunek
Prawdomówność
Asertywność
Bezinteresowność
Kreatywność
Uczciwość
Planowanie
Punktualność
Spostrzegawczość
Wytrwałość
Samodzielność
Empatia
Lenistwo
Jesteśmy sobie potrzebni
Kłopoty ze słowami
Moje okulary
Nowy kolega

BEZPIECZEŃSTWO I ŚRODOWISKO

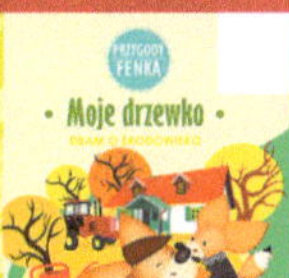

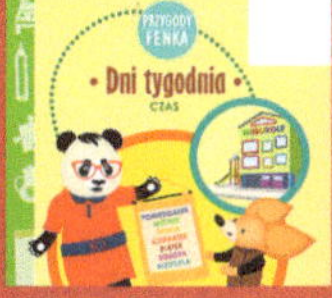

CIAŁO I ZDROWIE

Co nowego?
sprawdź na www.fenek.com

DOBRE ZACHOWANIE

MIEJSCA I WYDARZENIA

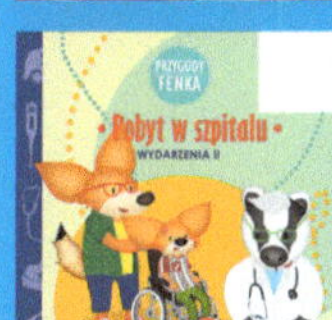